育児の成功 1

山岸道子

■目次

ななみブックレット No.11

はじめに

「子育て」というと、「幼い何もわからない子どもの世話」を思い浮かべます。「這えば立て　立てば歩めの親心」というように、親は「早くいい育ちをしてほしい」と思うものです。「早く」と思うのは　子育てが大変だからでしょう。妊娠中も大変で、「早く出てきてくれないかな・・・」と思います。特に、臨月は自身の体の変化、物理的にも医学的にも、自由に動くことができない自身に情けなくなるものです。成熟した夫ですと妻の大変さの理解と配慮がありますが、そうでないと、様々な悲しみまで背負うことになります。

「早く生まれて、前のようになりたい」と思うと・・・産後の入院中はややいいですが、愛するいとし子を抱えて自宅に着いたとたんから、思いもかけない「大変さ」に出合います。「泣く」のです。「吐いたりする」のです。そのうえ、3時間ごとの授乳は若い女性の睡眠を妨げますから、最もつらく、人によっては朦朧（もうろう）とします。

昔は出生率が高く、6～9人きょうだい位は普通でしたから、十分に「育児の予行演習」をして親になりました。上の子は弟や妹の世話、下の子は「兄・姉の子ども（甥や姪）の世話」をしました。この育児の予行演習で、「育児の勘」が養われ、母親になったとき便利でした。どことなく「こういうときは、こうすればいい・・・泣いても大丈夫・・・」など、勘が働くのです。

しかし、合計特殊出生率が2を切ると、きょうだいはいても5歳以上離れていなければ、ただ「やきもちの対象に出会うだけ」で、育児の予行演習にはなりません。

子育てはお人形さんごっことは違うので、何から何まで大変です。

母親は、「おなかを痛めた子」ですから、幸せな人生を送ってほしいと思い、想いをこめて名を付けます。そして育児書を見たり、知人や親に聞きながら一生懸命に育児をします。でも「大変」だと、だんだん自分の気持ちのバランスを崩してしまいがちで、それが「一生懸命さゆえに間違った育児をしてしまう」ことの始まりなのです。

一生懸命して、そして育児を誤り、結果、子どもの育ちに問題があったら・・・残念ですね。とても残念です。

そうならないように、育児書を一冊決めたらあちこち気をそらさずに、それを指針として育てることがよいのです。

この本は、その一冊に選んでいただけたら嬉しいです。そして必ず「らくらく育児・・・そして子育て成功！」の道を歩くことができるでしょう。

第一章　乳幼児の発達を考える

第1節　人間であることから

乳幼児は人間ですから「人間の発達」を見ておくことが重要です。

私たちの寿命は、医学と保健衛生の進歩でここ1世紀の間に大変長くなりました。幸せなことです。「余命宣告を受けた人々」の苦しみから、命の重みと大きさを容易に理解できます。

生き物である私たちは、人間としての発達の仕組みや歩みを持っています。それは、「前進的発達期」（できないことができるようになる）と「後退的発達期」（できていたことができなくなる）があるということです。

乳幼児は日に日に発達しています。乳児は1日に50万回以上の刺激を受けるといいます。中に何もないのですべてが新規刺激になるのですが、それを受け入れているわけです。環境が適切であればあるほど吸収も多く発達も早いのです。

前進的発達は、ほぼ22歳までとされています。

後退的発達は、「できていたことができなくなる過程」です。40歳で視覚の衰えが始まります。これは高齢化による衰えとされ、「高齢者の医療の確保に関する法律」の適応が可能です。そして、65歳で老人福祉法や介護保険法の適応を受け、「今までできていた」のにできなくなった生活上の支援を受けることができます。

フレイルとして衰えを防ぐようなことは努力である程度できますが・・・、乳幼児の「できていく階段」を上ることはできません。

それでいいのです。人はそのことを、子どもを叱ろうとするときに想起するといいのです。すると、「よい子育て」になっていくことでしょう。

将来も大事、でも確実にあるのは、現在。現在の幸せがその子の人生にある確実な幸せな時間を与えるなら、今。そしてその幸せな時間が、子どもをよい子にするのです。

子どもが今幸せ、それは「にこにこママに抱かれ　褒めてもらう」ことなのです。

第2節　乳幼児期で大切な発達の姿

1　愛着形成

乳幼児期の発達で、その後の人生に最も大きな影響を与える姿は二つあります。

その一つが、「愛着形成・アタッチメントの形成」であり、もう一つが「自我の目覚め・自分ができる」ことです。

育児の目的は「子どもの全生涯の幸せ」を祈り、願って行うことです。「幸せな人生」とは、どういう状態か・・・。人によって考えは異なるでしょう。自分の子どもの幸せを祈って親は最初に何をするか・・・。「こういう子どもになってほしい！」「こういう子どもになれれば幸せな人生が送れる！」と思い、願いを込めて名前を付けることでしょう。それが、「育てる目的」です。

したがって、保育園や幼稚園、子育てサポーターのように他者が子どもを一定期間預かって育てる場合は、そのことを念頭に入れなければなりません。入園面接のときに名前の由来を丁寧に聞き、その子と対応するとき思い出すことが重要です。ですから最初に尋ねて確認しておくべきことだと思うのです。

① 愛着形成がなぜ人生の幸せの基盤になるのか？

愛着形成は、自分の大事な人と、人生最初の人間関係を「愛情と信頼」をもって結んでいく営みです。人に好意を持ち、その人を信頼する・・・このことは相手からも好意を持たれ、よい人間関係が築けます。「人生の幸せの基本は、いつでもどこでもよい人間関係を作り、保っていかれること」ではないでしょうか・・・。

その最初の営みで、何もできない乳児は、泣くことで自分の欲求を発信し、それを迅速に適切に受け止め（受信）、欲求を充足させてくれる人（返信）を探します。なぜならその人の存在がなければ自分の命が保証されないからです。

乳児が発信し、それを多くは母親が受信し、適切な方法をもって返信してくれるのです。これがその子どもにとって人生最初の人間関係で、適切に自分の意思を受け止めて、適切に充足して、自身の命を保障してくれる人（多くは母親）が、最初の人間関係の対象であり、人間関係の始まりなので、その人を好きになり信頼していくのは当然です。これを「愛着形成・アタッチメントの形成」と呼びます。

この形成が良い形で完成できれば、スムーズな人間関係を保つ能力ができあがるのです。

その人を信頼する⬇大好き⬇ママ大好き⬇ママの言うこと聞く⬇ママがそばにいれば安心

そして大好きなママの様子をいつも見て、ママに好かれたい、ママの役に立ちたい、ママに褒められたい、との思いで2歳、3歳と成長しますので、当然「人の（ママの）気持ちがわかって、自分の気持ちを抑えたり行動したりする、いわゆる「よい子」に成長していくのです。そのことをテーマに、非常によく描かれている絵本に、『ちょっとだけ』（瀧本有子作・鈴木永子絵／福音館書店）があります。

これが、何もできない乳児が生きていくために身に付ける最初の能力、そして生涯有効な能力なのです。

2 愛着形成（アタッチメント形成）の形成過程と育児のポイント

では、その愛着形成がどのような時期にどのように形成されるかを確認したいと思います。

❶ 誕生～4か月（見出し期）

この時期は「誰が自分を大事にしてくれる人かな　誰を信頼すればいいのかな」を探している時期です。

泣くと、「どうしたの？　おなかすいたの？　じゃあ、ミルク飲みましょうね。おむつ濡れたの？おむつ取り換えましょうね」と、自分の欲求を適切に受け止めて対応してくれる人は、誰か？この時期にママに抱っこされると、お腹の中で感じていたママの心臓の鼓動を感じます。ママの声も感じます・・・だから「ママが抱くと泣き止む。パパが抱いても泣き止まない・・・」とパパが哀しがるのです。

❷ 生後4か月から1歳3か月まで（第1期アタッチメント形成期）

この時期が、育児の最初の難関かもしれません。やっと3時間おきの授乳の時期も終えて夜中の授乳の厳しさから解放され、「これでぐっすり眠れる」と思う時期ですが、6か月で母体免疫も終え、少しずつ風邪もひき、親は「お熱・・・」に悩まされ始めたころ、アタッチメント形成のピーク時を迎えます。

乳児の発達の姿としては、内面ではアタッチメント形成、外見では「人見知り」なのです。「大好きなママと人生最初の人間関係作っているの　ほかの人は黙ってて！」と子どもは心の中で叫んでいるのです。

子どもは4か月くらいから笑みが出てきて、周りの人はかわいいので抱っこしようとしたり、顔を見て笑いかけたりします。するとどうでしょう。ママと一緒の時「キャッキャ」と笑い声をあげて楽しそうだった乳児が、他の人が入ってくると途端に怖い顔、顔を背け、そして泣き出すではないですか・・・。

せっかく「かわいいわね・・・」と寄ってきた人も残念顔。そして「かわいいわね」と言ってほしいママは、「申し訳ありません・・・」と謝るのです。

この時期「誤った育児」をしがちな第一歩なのです。ママの心にはよぎります。

「人嫌いになるのではないかしら？」

「いろいろな人との接触が必要なのではないかしら？」

そして、何よりも「かわいいわねと言ってるのだから、ちょっと抱かれてほしいのに・・・」

なのです。

でもこの時期は、乳児の心の中では人生の最も重要な「信頼と愛に満ちた人間関係の形成中」なのです。

6か月ごろから、ママとの時と他者との時の表情が全く異なってきます。そして8か月、「人見知り期」「8か月の不安」（スピッツによる）の時期になります。

「いないいないばあ」が好きなのもこの発達の姿に起因します。ママとの「いないいないばあ」での様子は、ママが「あやねちゃん、いないいない」と言って顔を隠すと、少し驚いた様子で、まもなく泣き顔、長くなると泣き始めながらママの手をかきむしります。

子どもが少し驚きと不安な表情をして3～4秒で「ばあ・・・」と手をのけると、子どもの表情は明るくこの上なくうれしそうな表情を見せます。

この状態は、8か月を境に1歳3か月くらいになると、遊びとしては成り立たなくなります。この時期は自分の視野にママがいることが安心でうれしいのです。

ママが見えなくなると、たとえ隠されている手の奥にいても不安になり、トイレの中からママが「ママおしっこだから待っててね」といっても、「ママー！」と泣きます。最も愛着形成が盛んな時期なのです。

人見知りは「愛着形成中で、愛着形成は非常に大事です」とお話をしますと、心配そうな表情で「うちの子人見知りしないんですけど」とおっしゃる方がおられますが、

① 人見知りはどの子も必ずあります。激しく泣く子も、眉をひそめて顔を背ける子もいますが、保育者がくるくる変わったりしない限り必ずします。この悩みで苦しまないでく

ださい。

②　発達支援児（例えば自閉症児）などの場合、人間への関心が少なく、ママへも同様の場合があります。２歳段階で検査するとよいと思います。

③　１歳３か月から３歳まで（アタッチメント形成第２期）は１期に比較すると大分人見知りは少なくなってきます。ママがトイレに入っていても中から声を出すと半べそでも我慢していたり、ママがゴミ出しに行く間、泣きそうになっても出口で立って待っていたりします。やや完成に近づきます。

でもこの時期も、嫌がるのに他者との接触は無理強いしないほうが良いと思います。

④　３歳になると愛着形成は完了します。子どもは自分の欲求時には泣いてママ（アタッチメント形成中の人）を求め、「ママ大好き　ほかの人は嫌！」の時期です。完了すると、やがて心の中に「ママ」という安全地帯（基地）ができます。

「ママがいれば大丈夫」（見えなくても大丈夫）、「ママはきっと自分を守ってくれる」と信じられるようになり、ママから離れることもでき、他者との交流もできるようになります。

この状態が「自立」の始まりの時期で、社会性も身に付き始めます。アタッチメントが良い形で形成されていれば、この社会性が、相手に好意をもって信頼することができるのですから、よい人間関係が形成されるのです。大体３歳、幼稚園入園時期になります。

❸　アタッチメント完成後の子どもの言動

この様子を実に見事に表現しているのが、前掲書『ちょっとだけ』です（あらすじは『育児の成功2』第一章　作品の紹介を参照)。

ここでは、非常によくアタッチメント形成のできた「なっちゃん」という女児が下の子を迎えることになります。

なっちゃんは、ママにしてほしいことがあってママの様子を見ると「ママは忙しそうです」。そこでなっちゃんは自分でするのです。それは先に書いたようにママが好きだから、ママを困らせたくないから、ママに褒められたいから・・・です。

なっちゃんは、次から次に出てくる、今までなら「ママ・・・これして・・・」ということを自分でします。このときのママの態度も好ましいのです。

なぜなら、牛乳を自分でつぐとテーブルにこぼします。でもママは何も言いません。

ママは「あら、なっちゃん、こぼすと臭くなるから駄目じゃない」と言わずにそっと見ています。パジャマに着替えることも、ボタンが掛け違っていてもママは黙ってみています。これが大事で、なっちゃんは一生懸命ママを困らせないように頑張ります。

でも、とうとう我慢できない欲求に出会います。なっちゃんがねむたーくなった時、「ママちょっとだけ抱っこして、ちょっとだけでいいから・・・」といいます。

なっちゃんは今まで我慢してきて、心がSOSを発信したのです。

この時のママの対応が素晴らしい。「〝ちょっとだけ〟でなくて　いっぱい　だっこしたいんですがいいですか？」となっちゃんに聞きます。

なっちゃんは精いっぱいの笑顔で「いいですよ！」と言ってママに抱っこされます。その時、赤ちゃんに我慢してもらったのです。

素晴らしい育児展開ができたのは、

●なっちゃんのママが非常に上手に愛着形成を行っていたこと

●ママが、なっちゃんがしてほしいことを我慢して自分でしている様子を、きちんと見て確認していたこと

●ママが、なっちゃんのSOSを見逃さず、その時になっちゃんの期待以上の対応「いっぱい　だっこしたいんですが　いいですか？」と言ったこと

●ママにだっこしてもらっている間、赤ちゃんに我慢してもらったこと

これらのことが、ママが「あかちゃんの　おせわで　いそがしそうです」という場面でも、自分の欲求を我慢していたなっちゃんの心の危機を救い、我慢したことがストレスにならずに解消されたのです。

そしてこの結果がもたらしたもう一つの効果は、なっちゃんと赤ちゃんとのきょうだい仲が良くなることです。この絵本のような育児をすれば、この１００歳時代、なっちゃんが１００歳、赤ちゃんが98歳になっても仲良しきょうだいでいられるでしょう。

でも、もしママがSOSを見逃したら・・・。

なっちゃんは、赤ちゃんを見て髪の毛を引っ張ったり、ほほをつねったり、思わず憎らしくなって乱暴してしまいます。

そこへママが来て、「あら、なっちゃん駄目じゃない。お姉ちゃんなのに、赤ちゃんいじめるなんて！」と叱られます。

なっちゃんの気持ちはストレスでいっぱいで、そのストレスがなっちゃんに問題行動を起こさせるのです。

❹ よいアタッチメント形成のための育児

① 人見知りの正しい認識

まず、「人見知り」を「人嫌いの子」ととらえず、内面の重要な発達のために「人見知り」している、つまり「今　ママと練習中　今　ママとだけいたいの　ほかの人は遠慮して」という、乳児のメッセージなのです。

② アタッチメント成功への道

抱っこを多くする。子どもが泣いたりして求めたら、すぐに対応する。このことで「子どもがわがままになるのでは？」という考えを捨てる。抱っこすればするほど早く自立して、「わがままにはならない」のです。

❺ アタッチメント形成に失敗したら

この話を講演などでしますと、必ず質問があります。

「先生の話を聞いて、アタッチメント形成に失敗したと思うのです。どうしたらいいでしょうか・・・」

たいていの場合は、子どもが「ママが好き」「ママを見ると笑顔が出る」状態ですと失敗していないのです。でも、もし失敗したと思うのなら、もう一度スキンシップを多くすることです。例えば、５歳児でも2か月間添い寝をすると心が落ち着き、心の中にママという安全地帯が出来上がることがあります。

ここでは、アタッチメント形成対象を「ママ」に限定しました。現在は男女平等社会です。そして、イクメンパパ、父親の育児参加の時代です。でも、「生き物として」乳児は母親を求めます。母親の胎内で10か月・・・心臓の鼓動も感じ、声も聞いています。

でも、生みの親、血のつながりはほんの少しのことで、生後から世話をしている人であればいいのです。対象は一人とは限りませんが、ほぼママに限定されるようです。そのため同じように面倒を見ているつもりのパパやおばあちゃんがやきもちを焼く場合もありますが、それは仕方ないのですね・・・。

もう死語になりましたが、「ホスピタリズム」という言葉がありました。１９２０年代、施設で乳児期を過ごした子どもの発達のゆがみをシャディは指摘しました。その後、Ｊ・ボウルビィが「アタッチメント・愛着形成」が重要であることを提唱しました。

それまでは「乳児は空腹・痛みなど以外の泣きは放っておいたほうがいい」というのが基本的な考え方でした。そのほうが我慢強い子どもになると信じられていたのが間違いに気付きました。

❻　愛着形成・アタッチメント形成の原点

①　１９２０年代の考え方

乳児は、「お腹がいっぱいで、おむつが汚れてなければ、泣いても放っておいたほうがいい」

という考え方でした。子どもはわがままなので、放っておけば泣き止み、「わがままな子にならない」という考え方でした。

しかし、これに疑問を呈したのがスピッツでした。そのように育てている施設で子どもの死亡率が高いことに注目したのです。

十分に環境の整っている施設で、なぜ「死亡率が高い」のか・・・。

それは、人間である子どもには、お腹がいっぱいでおむつが汚れてなくても「抱っこしてほしい」という「甘えの欲求」があり、その充足こそが乳児が人として満足して生きられる源であることを示したのです。

そして、そのような施設で育った子どもは、無表情で疾病や死亡率が高いのは「求めている愛情の充足がないからではないか」と考えたのです。

ボウルビィが1950年代に「愛着行動」「分離不安」「対象喪失」の3部作を発表したと同時に、この「アタッチメント形成」が子育てに何よりも重要なことが説かれました。施設病（ホスピタリズム）を見直して、保育者も増やし、子どもが泣くことで求める「抱っこ」に応じられるようになったのです。

② 愛着形成のできない4つのパターン

子どもたちは、両親やその親戚知人などに囲まれて育ちます。そのはぐくみの環境は実に様々です。今までは、両親がいて育つ子どもの育て方について示してきましたが、ここでは、一般的ではない生育環境の下で損なわれる愛着形成の不都合についてお示ししたいと思います。

●**喪失**（マターナル・デプリベーション）

一般的には、子どもは一人の母親に継続的に育てられますが、何らかの事情で「アタッチメント形成対象がいない」という場合です。

先に示したような、保護者が養育できずに乳児院や児童養護施設などにて育った昔の状況です。子どもたちが泣いても同じ母親の顔が見えない状況です。この場合、当然愛着形成はできません。大昔はそれがいいとされてそのような環境の子どもがいました。

●**分離**（マターナル・セパレーション）

子どもたちは、愛着形成ができるまでは一人の母親対象者にはぐくまれるのが良いのですが、母親が急に死亡したり、入院したり、離婚などで親権が母親以外の人に移った場合など・・・様々な事情で愛着形成の途中で引き放される場合です。この場合も健全な形成ができないままで育っていきます。

以前は「保育所入所」についても課題として残りました。このため、幼稚園入園時期は、アタッチメント形成完了の３歳と設定されています。しかし、保育所は児童福祉法により「保育を必要とする児童」ですから、アタッチメント形成途上であることが多いのです。

現在の保育所は、アタッチメント形成の重要性が十分に理解され、保育士定数も保育の方法もアタッチメント形成を損なわれないような工夫がなされています。しかし、様々な課題は残り、まだまだ工夫の余地はあるのです。

●**歪み**（マターナル・ディストーション）

一人の母親が精神的疾病状態の場合、同じ場面でも時々に対応が異なります。ある時は優しい、ある時は激怒するなど・・・母親が精神病であったり、ヒステリーであったり、最近の「子どもがかわいくない症候群」の「産後うつ」で、産婦の10％もの人がこの状態に該当し、産後4か月からの保健婦と児童委員との「こんにちは赤ちゃん運動」でこの母親の発見を行って対応しています。

●**複数**（マターナル・マザーリング）

このパターンは、養育者が複数になっている場合です。保育所入所も保育工夫が悪いとこの状況になります。クラス担当は決まっていても、保育士の休暇、出張、ローテーション出勤などで複数になることは避けられません。このマイナスを軽減するために「保育所と家庭の連携」が強く求められます。

できるだけ同じ価値観、同じ方法での育ちが乳幼児には心地よく、「自立」（アタッチメント形成完了後）して社会性ができたら、「人はいろいろ違うんだ」を受け止めることができます。アタッチメント形成途上の場合、子どもの「呼び名」だけでも共通・統一することが重要です。「幸恵」という名の子どもの場合、「さちえちゃん」だったり「さっちゃん」だったりせずに家庭での呼び名に統一するなど、個人レベルの工夫はしていくことが重要です。

これらのことが学問分野で整理されて、「育児・保育」の在り方はよい方向に整理され始めたのです。

2 自我の目覚め

1 自分ができる（イヤイヤ期）

たった1回の人生。誰もが幸せに過ごし、幸せに終えたいと思っています。「幸せに生きる」ためには「自分の想い、自分の考え」を生かして日々を過ごすことが必要だと思います。「自分らしさ」を表現して周りに受け入れてもらって人生を生きる、このことが「幸せな人生」に通じます。最近は「自分さがし」が注目されています。「自分の考え方や感じ方を大事にして、周りにも表現できる力」は、幼児期の2歳から培われます。非常に大事なことです。日本人は「わがまま」ということをきらい「みんなと一緒」が好きです。でも、日本国憲法は「公共の福祉（法律）に違反しない限り自由」を定めています。

誰でも法律違反をしない範囲なら自分のしたいようにする。そして他者の言動に感想やアドバイスをするときも、自分と異なるのは相手の個性としてみていくことが重要です。日本では、法律とは別に自分の倫理感、自分の道徳観、自分の常識や生活習慣などをあたかも日本全体の「法律」のように「当たり前」として他者批判をしたり、他者へのアドバイスをします。それが、人として自分らしく生きようとすることを妨害して狭い道を不満をもって歩くことになるのです。

それは、個性ある個人として歩むのではなく「指示待ち人間養成コース」を歩ませる結果になるのです。

2 自我の目覚め・個性のある自分への発達過程

❶ 自己形成の時期

① 第Ⅰ期（2～3歳）

この年齢では、自分の生活の中の自分にかかわる身の回りのことに関して、自分の意思がはっきりしてきます。これらを以前は「反抗期」としていましたが、「反抗＝悪い」というイメージになりがちなことから「イヤイヤ期」という現象でとらえて表現するようになりました。

② 第Ⅱ期（中学生期：13歳～14歳）

この時期の特徴は、自分の環境への自分の意見、親の生き方、校則、社会の仕組み、について自分の意思が出てきます。これらについては表現が難しく、結果として子どもたちは皆、無口になったり、イライラしたりして「第２反抗期」とも言われます。いろいろ「あれもおかしい　これもおかしい」、でも、自分ではどうすることもできないので、反抗的な態度で表現します。

③ 小学生の時期

もともと「反抗的な気持ちが態度に表れる」のは、そのことに関する自分の意見があって「それに強くこだわる」ためです。

小学生の時期は、こだわりが少なく「ま！　いいか！」と思えるのです。ですから受け入れることができます。でもこの時期、自分の考えがないわけではないのです。むしろ周りの大人は、小学生の心をおもんぱかって指示した後、「本当にそれでいいのかな？」と確認の時間をもってあげることが重要です。

❷ 自我の目覚めの時期の育児対応

この時期は、大人が子どもとの関わりを「ゆっくり進める」ことです。

例えば、3歳の女の子がピンクのフリルのついたワンピースを着ておばあちゃんの家に行ったとします。おばあちゃんは、かわいいその孫の姿にうれしくなります。「あやねちゃん、かわいいね！　お姫様みたいだね！」と褒めます。

「お姫様」になりたい、「お姫様」大好きなあやねちゃんは、うれしくてうれしくてたまりません。

次の日ママが、「今日はお天気がいいから、公園に行って遊ぼうか」と言います。

「うん！　行く！」とあやねちゃんは喜びます。

そして、昨日おばあちゃんの家に着ていったピンクのワンピースを出してきて、それを着ていきたいといいます。あやねちゃんは、それを着ていくときっと公園にきているみんなからも「お姫様みたい！」と言われるだろうと思ったのです。

でも・・・、お母さんは「そうね」とは言えません。

ママ：「駄目よ。これ着て」とTシャツを出しますが、

あやね：「いやだ！　ピンクのワンピースがいい」

ママ：「駄目　これ！」

あやね：「いやだ・・・」

ママ：「いうこと聞かないなら、今日は公園連れて行ってあげない！」

あやね：「やだ！」

と悲惨です。ママは、自分の言うことをあやねちゃんが聞かないことに腹が立っているので、こういうことになります。

この場合、四つの段階を踏めばスムーズにいくのです。

①　第1段階：なぜ、ピンクのワンピースではいけないのかを「説明する」

ママ：「あやねちゃん、ピンクのワンピース着て公園に行くと、お砂場の砂で汚くなって、ママが洗剤で洗っても汚れが落ちないのよ。今度おばあちゃんのお家に着ていったら、おばあちゃんが〝あやねちゃん、どうしてこんなに汚くなったの？〟って言うわよ。いやでしょ。今度おばあちゃんのお家に行ったとき、また、〝お姫様みたい！〟っておばあちゃんに言われたいでしょ？」

あやね：「うん。言われたい」

そこまで言ったら、

②　第2段階：ママは、3着の公園用の衣類を示します

ここで、3着ほどの着て行ってもいい洋服を示すことが重要です。なぜなら、子どもが「選べる」からです。自分の気持ちで選べる「選択」が、この時期の子どもの発達には必要なのです。子どもは、ピンクのワンピースではいけない理由を理解し、自分で「選べる」という納得ができます。

③　第3段階：子どもはその中から1着を選びます

ママは「あやねちゃん　選ぶの上手ね。ママも今日はお日様がいっぱいだから　黄色のシャツがいいなあって思っていたのよ」と言って、あやねちゃんの「選択」を評価します。

④　第4段階：これで成功です

あやねちゃんは、ピンクのワンピースをストレスなくあきらめ、自分で選択した洋服をママに褒められて、自分の選択に自信を持ちます。このことは今後、学校で「わかる人！」と先生から言われた場面で、「はーい」と自信を持って手を挙げて発言ができることに繋がります。

つまり、

- ●第1段階：〈なぜいけないか〉説明する
- ●第2段階：〈着てもいい服を2～3着示す〉幅を与える
- ●第3段階：〈この時期は自分の意思が大事〉選択させる
- ●第4段階：〈自分の意見に自信を持つ〉子どもの選択を評価する

この段階を踏んでママの意向も生かされ、納得して、変更して、幅の中から選んで自分の意向も満たされます。そして褒められることで「指示待ち人間」にならず「個性」が大事にできるのです。

このような段階を踏まないと、子どもは言うことを聞かず駄々をこねます。

親は同じこと「これ着ていきなさい」を繰り返すのみで進展しないと「言っても言っても聞かないんだから・・・！」と、愚痴を言います。

「言っても言っても聞かない」は、「言い方が悪い」のです。

子どもの頭の中と心の中を（レントゲン写真で見るように）よく見て、その頭と心にぴったりとはめ込むことができるように伝えることで「言うことを聞く」子どもに育てることが重要です。

子どもの心を知る絵本としては、『あかがいちばん』（『育児の成功2』第一章　作品の紹介を参照）があります。この絵本も育児書としては高く評価できます。

「赤が好き」な子どもがいます。でも、「おかあさんたら　あかのこと、なんにも　わかってないんだよ」で始まります。

例えば、お母さんは「その　ワンピースには　しろのほうが　あうでしょ」と言う。でも、女の子の心の中では「だけど　あかい　くつしたのほうが、ずっと　たかく　とべる」「わたしは　あかい　くつしたが　いちばん　すき」と思います。

また、「わたしは　あかい　コップが　いちばん　すき」なのに、おかあさんは「あかも　みどりも　いっしょでしょ。もう　ついじゃったから　みどりの　コップで　のんで」と言います。だけど、女の子は思います。「だけど　あかい　コップで　のんだときのほうが、ジュースはだんぜん　おいしいの」「わたしは　あかい　コップが　いちばん　すき」。

このように子どもの好みや意見には、理由があるのです。

母親の思い付きのようなことで「赤が好き」という子どもの生活を不快にしないほうが良いのです。その不快は、子どもにストレスになります。子どもの好きな赤を大事にしてあげることが重要です。

第二章　生活習慣のしつけ

第1節　しつけのポイント

❶ しつけの種類

乳幼児をはぐくむには、大きくは生活習慣のしつけと、「生き方」に関することを教えていくことがあります。すなわち、生活習慣とは、食事・排泄・睡眠・着脱・清潔、ですが、生き方に関する（スムーズな人間関係を保つ）ためのしつけには、例えばお友達とのかかわり方や、他者との関係を大切にするマナー、などがあります。

第二章では生活習慣のしつけについて考えたいと思います。これらのしつけは、みな「乳幼児」の発達に適切な範囲のしつけをしていくことが重要ですが、基本的に子どもたちは「大きくなりたい」「できるようになりたい」と思っていますので、発達をしっかり踏まえて教えていけば、「できるようになった」という喜びとともにしっかり身に付いていきます。

❷ しつけの方法

乳幼児への「教えは」、

① 乳幼児の頭の中・心の中の発達の様子をよく見て（レントゲン写真で見るように）理解しておくこと。

しつけの失敗の中で親がある部分「自分と同じ」レベルでとらえて「どうしてわからないの！」

と思ってしまうことです。

② 乳幼児へのしつけは「モデリングからの模倣」がすべてといっていいほどです。また、子どもは絶えず模倣をしようとしていますから、しつけていないつもりでもできていたり、親とそっくりに言動したりしています。

特に「生活習慣」は、子どもにとって身近で大好きな両親、きょうだい、祖父母の様子から学びます。したがって、親がしていることと違うことをしつけるのは大変難しく、子どもも理解しにくく、ストレスになります。子どもは実に親の言動をよく見ています。

親は、「子どもと私たちは違う」と思っているようですが、親の思うその部分を子どもは理解できません。子どもは親を尊敬し、親のすることが一番いいと思っているので真似ようとします。例えば「じっと座って食べなさい」と言って、ちょっと動くと「座って食べなさいって言ったでしょ」と言いますが、子どもは「ママも立って動いているじゃないか？」と思うのです。つまり、母親がお皿を取りに行ったり、冷蔵庫の飲み物を取りに行ったり・・・母親には「必要な動き」ですが、子どもには「食事中に動いている」ことに代わりなく、子どもも「僕だっておもちゃを取りに行っただけだよ・・・」と思っています。

3 「絵本」はしつけの重要な教材でありサポーター

絵本では食事の場面は頻繁に出てきます。例えば、『ぐりとぐら』（中川李枝子著・山脇百合子絵／福音館）などは、楽しそうな食事の場面がでてきます。この絵本に限らず、中川氏の絵本は

「たのしい」をテーマに「食事」の場面が多いようです。

第2節　食　事

子どもの身体的成長は実に早いのです。出生時、３キロ・50センチで生まれた子どもは、１年後3倍の9キロ、身長は75センチになります。

私たちが1年に3倍の体重になったらどうでしょう・・・世の中全部違って見えます。これだけ大きくなるには、体内に食料が入らないとなりません。遊びや活動は空腹の原因になりますので食欲は増しますが、最後食品が口の中に入っていかないと体重や身長の成長はないのです。

このことは非常に重要で、その意味で「食欲を失わせるしつけ」は最も好ましくないしつけです。親は「しつけて」結果を求めます。そして結果が良くないと、子どものせいにしがちです。「ちゃんと聞いてないから…」「なぜできないの?」「なぜしないの?」そして責め、叱り、怒り、「○○買ってあげない」などに進みます。これらが子どものストレスの要因になり、ストレスが問題行動（乱暴など）へ移行します。

それぞれのしつけは、ちょっと筋が分かれば大分やりやすいのです。親が適切なしつけをしてくれると子どもは「らくらく身に付き」ます。

食事の目的は、「適量食べる」「楽しく食べる」にあります。せっかく一生懸命作ったのに食べてくれない・・・うちの子少食だけど大丈夫かしら?　と悩まれることがありますね。

「食事」や「睡眠」は、それぞれ人によって子どもによって個性があります。時間差による生理的欲求なのです。昔は「沢山食べる子、強い子、よい子」と言われていましたが、今は食べ過ぎは様々な疾患の原因になり、適量が良いとされます。一般的に年齢によっての適量があり、保育所給食では栄養士によるカロリー計算が行われています。

❶ 食事量の問題

食事は量が少ないように見えても、

- 身長・体重が少しずつ増加している
- 疾病が少ない
- 活発に遊ぶ
- 情緒が比較的安定している

子どもの状態がこのようであれば、少食の子どもでも心配しなくてもよいのです。

❷ 食欲の問題

もし、上記の件で心配な状況があって少食気味なら、検討して何らかの工夫が必要で、育児計画を2か月単位で改善していくとよいと思います。育児の改善のポイントとしては下記を参考にしてみてください。

- 空腹な状態で食事を迎える

食事の時間間隔を10分刻みであけてみる。給食が食べられない場合は、朝食時間をいつもより10分早めてみる、20分早めてみる・・・など。

- 日中の運動量を少し増やす

これらは空腹になる工夫です。

●食事は「食べたーい！」と思うように「楽しい雰囲気」（セミクラシック〈ポピュラー音楽〉のような良い音楽をかける）「保護者が美味しそうに食べる」、決して「こごとを言わない」などが子どもの食欲をそそります。

●最近の食欲減少の要因として、「食事のマナー」に気を取られすぎることがマイナス要因です。また「食べ方のしつけ」がマイナスになることが多いので気を付けてください。

❸ ちょっと立ち止まって考えてみる

食事のマナーは何歳くらいでどのようなマナーが身に付けばよいのでしょうか。そんなに急がなくてもいいのです。少なくとも幼児の段階では、マナーに厳しいために食事量が少なくなり、体重や身長などの成長のみならず、知的・情緒などの発達にマイナスを及ぼす例があります。そんなことは全く無意味な事です。

案外「子どもの発達のためにマナーが必要」というより「親戚の家に行ったり、ママ友の所で食事する」などの時の「親の体裁のため」というのが多いようで残念です。世の中全体が正しい知識で発達に適切かどうかの理解ができ、他者との関係について自身の感情をコントロールできるとよいですし、世の中全体が2～3歳児の食事の重要な中身を承知できるといいですね。

●マナーは「口で言う」より、保護者や保育士が良いモデリングになることが重要です。

●「美味しい！」は日々を楽しくします。子どもの毎日の中に「楽しい！」がどれだけ多くちりばめられているかが、とても大切です。それが「今、しあわせ！」ということなのです。

●食事の環境は大切です。親の感情も癒します。テーブルフラワーや落ち着いた音楽などの工夫も有効です。

●離乳食は生後5～6か月で開始します（以前は「体重7キロになったら」という目安もありました）・・・離乳食関係は、栄養士などによる研修会などに参加していくことが好ましいと思います。成人は1日3回食ですが、離乳食時は4回食になり、さらに離乳食は初期・中期・後期・完了期に分かれます。

初めての食品を与えた後は「便の様子を見て」消化能力を確認します。「一さじ　便みて　次進む」また、生後1年（離乳食終了時）までの摂取食品の多さが偏食を防ぐといわれます。表を作成し、保育所利用児も家庭と保育所で未体験の食材を見い出して与え、できれば100品目を超えられるようにすることが好ましいのです。

食生活は家庭により特徴があります。特に、両親が好まないものは乳幼児も食する機会を失いますので気を付けて与えるようにしてください（もちろん香辛料やアルコールを含んだ食品などは該当外です）。

❹ 偏食対応

人は「食べたことがない」食品は食べにくいものです。それが偏食となっていくのです。いったん嫌いな食品になった場合は、

●空腹時に最初に食べるように促す

●細かくしたり混ぜたりして与える
●食べられた場合はよく褒める
●脅かしはしない（「これ食べないと、大きくなれないよ」）

❺ 食　育（食品理解）

児童福祉施設において食育が重視され始めました。出来上がった料理をただ食べるのではなくて、体にどういい食品なのか、などの説明を聞くことは、子どもが納得して期待をして食べるという意味でも大きな意義があります。また、すでに加工してある食品だけではなく元の食品を見ることも重要です。

例えば、絵本『くだもの』（福音館）などは、切る前のリンゴを「リンゴ」と描き、切ってお皿に入っているものを「さあどうぞ」としています。

このようなことは重要ですが、ただ、動物や魚などについては「命を食べる」という意味で複雑な影響もありますので、むき出しにせず、自然に何となくわかっていくほうが良いと思います。

また、保育所・幼稚園、家庭で野菜などの栽培をすると、自分たちで育てたり収穫や簡単な調理（キュウリを切る、トマトのへたを取る）を体験でき、「自分で作ったもの」といううれしさがきっかけで食べられるようになる場合もあります。

第3節　排泄（トイレット・トレーニング）

幼児期のしつけの大きな課題の一つに、トイレット・トレーニングがあります。この営みは、親と子・保育者の大きな課題です。

「いつ始めたらいいんだろう」と周りを見ると「友達のあの人の子は○か月で・・・」「親戚のあの子は○歳○か月で・・・」と思い、育児書を見ると様々なことが書かれています。迷いながら始めると何度も失敗して、これは大きなマイナスを伴ってしまうのです。

トイレット・トレーニングは、「〝トイレ〟という場で〝排泄〟をし、排泄物を水に流したり、おしりを拭いたり、手を洗ったり、パンツを上げたりする」という、人間が作り出した作法に子どもを馴染ませることです。

しかし、その作法を教える前に、トイレット・トレーニングを開始するにふさわしい発達の準備（レディネス）ができているかどうか等が、スムーズな成功には欠かせません。

❶　トイレット・トレーニング開始の適切な時期を決める（排泄のしつけができる発達状態かどうかの確認）

具体的には、

- 排泄器官に尿や便が溜まった時に脳にそのことを知らせるルートが出来上がる。（尿意・便意の自覚ができる）
- 尿意や便意の自覚ができたら、それを親や保育士に知らせる能力がつく。（もじもじしたり、「おしっこ」と言ったりする）

●トイレの場まで我慢できる。（外括約筋を締めておくことができる）

●トイレで排泄できる。

の四点が、トイレット・トレーニングのレディネスという発達上の合図です。子どもをよく観察し、これらの準備が整っていると見極めたら、

① 2週間程度、ご家庭と保育所で排泄の様子を観察します。保育所などの通園児の場合は、家庭と保育所でタイミングを合わせて開始するのが好ましいと思われます。

② その間、子どもには「モデリング」を示します。保育所にはたくさんの先輩（トイレで排泄できるようになった子どもたち）がいますので、モデリングには十分です。しかし、一般家庭では見せるのは好ましくありません。保育所などでは、（「男の子の色、女の子の色」など）男女の区別はなくなりました。しかし、排泄や着替えの場所については「男女」の区別をしていくことが求められています。この部分は各保育所できちんと行い、子どもにも意識づけることが重要です。絵本などで示してあげましょう。

① 「排泄」は遊びではありません。座らせていればいつかは排尿はあるものですが、おまるなどに座らせて「絵本」を読んだりすることは好ましくありません。数秒座って出なければ、「じゃあまたね」とすることが良いでしょう。

このとき大切なのは、

●トイレット・トレーニング期間中は特別な外出を控え、外での排泄を避けること

●今まで同様の食事内容にすること

●情緒の安定を図ること

なども重要なことです。

レディネスと状況が整えば、トイレット・トレーニングは早ければ2週間で完了します。女児の場合は、2歳の誕生日くらいで開始が可能です。昼間のトイレット・トレーニングが完了したら、夜のおむつは2か月後からはずれますが、このトレーニング中は、

① 夕方5時以降に水分を欲しがらないようにするため、夕食に塩からいものを避ける。

② 情緒不安定は排泄の失敗につながりやすいので、怖がらせない・叱らない、等の工夫が必要です。

こうして、幼児期のトイレット・トレーニングの第一段階は終了します。しかし、その後も体調の悪い日や不快感のあった時は失敗することもあります。

今日的には、遅い開始（3歳位）を薦めているようです。紙おむつの普及で失敗をつい叱ることを防ぐためです。

❷ トイレット・トレーニングの失敗はその後の子どもの生活に影響する

人間にとって排泄は「恥ずかしさ」を伴うものです。もちろん、乳児や年少幼児の間はそのようなことはありませんが・・・、

① いつまでも「おねしょ」が続く

② 大人になって深刻な「夜尿症」に悩む

③ 子どもが遊びこんでいるときに、その遊びを中断させて、あまりに頻繁にトイレに誘導することによる弊害（集中力の欠ける子どもになりやすい）

❸ 排泄の失敗を責め過ぎない

排泄の失敗は人間にとって「恥ずかしい」という感情を湧き起こします。排泄の失敗を責めたり、みんなの前で言うなど子どもを辱める行為は、その後の子どもの情緒に課題を残すのみならず、そのストレスにより排泄の失敗を積み重ねることになります。

おねしょのお布団をベランダに干したりすることは最も好ましくありません。おねしょの原因には、昼間、子どもがプライドを傷付けられ、ストレスをためることにもあります。この行為は、周囲の人に「この子おねしょしたよ」と伝えることになって親の想いと逆の効果になります。

排泄は親が手本を見せることは好ましくありませんし、できません。トイレット・トレーニングの際は親がついて指導しますので、見本は不要です。ただ、保育所などでは少しずつの年齢的先輩がいますから、十分にモデリングを得て学ぶことができ、好ましいことです。

❹ 夜尿症

乳児期にはありませんが、小学校高学年以上で夜尿に悩む場合は、何らかの疾病の可能性がありますので確認が必要です。

5 排便の習慣づけ

学校・職場など日中の活動が始まると便意は何かと不都合です。幼児期に排便習慣はつけておくのが好ましいのです。朝食後排便の時間を見つけてゆっくり排便させることが重要です。「でなーい」という時、長すぎるのもよくないですが、5分くらいは座らせて便意を感じやすい雰囲気を作ります。この習慣は社会生活が始まる6歳以上退職まで有効です。

第4節　睡　眠

「寝る子は育つ」というように、人間にとって特に乳幼児にとって「睡眠」が重要なことは言うまでもありません。育児講座などでは保護者から睡眠に対する質問が多くあります。

1 睡眠時間

乳幼児の間に睡眠時間は随分変化します。0歳児、1歳児では、その子に合わせ、ほぼ寝たいとき寝せてあげる体制を作るといいのですが、2歳を過ぎれば、「遊びたい」また「親の生活サイクル」などで適切な睡眠時間や形態にならず、そのうちに弊害も出て親の悩みになるのです。

一般的には幼児期は20時の入眠は重要です。しかし、22時、23時の入眠児もいるようで、親の悩みにもなっていますし、もちろん子どもの健康維持や発達にも好ましくありません。20時に習慣づけるには、子どもの発達の理解と親の生活工夫、そして覚悟が必要です。

生活習慣は「習慣」ですから、同じパターンで繰り返すことで体内リズムが出来上り、心身が安定した生活を営むことができるのです。狭い居住空間ですし困難もありますが、乳幼児期の睡眠は重要です「早寝早起き」が重要で、自営業の方などはなかなか難しいですが、ほんの数年ですから頑張ってみてください。

❷ 夜の入眠時間

「習慣」はルーティーン（日課・決まったときに行う一連の動作）が重要です。そのためには、目的までの時間をセレモニー化することが重要で成功の秘訣です。体自身がそのように欲求してくれるのです。それを利用しながら習慣作りをすることが重要です。

2歳児になったら、なるべく「おねんねセレモニー」を作りましょう。

① 昼間に下記のような絵本を何気なく読んでおくことが効果的です。『おやすみなさいの絵本』（マーガレット・ブラウン著／福音館）

② 「ねむり」までの手順をきめて眠りのムードをつくることが大切です。子どもに提案して、意見を聞いたりしながら親の計画にもっていって納得させることも成功の秘訣です。眠る道への誘導が大事で、脳や心・体に「ねるんだよ」と伝えて、脳にも心にも体にも準備してもらいます（このことも子どもに話します）。

③ その後、家庭の両親の勤務時間との関係で異なります。自営業の飲食店などは、どうしても遅れがちですが、でも子どもが保育所や幼稚園に通園しているなら、翌日の子どもの通園時間との関係で親の工夫が必要です。

④「おねんねセレモニー」

●夕食を6時頃に設定し食事

●歯磨き

●入浴

●パジャマに着替え

●布団に入る（ママやパパからの絵本と歌の時間。お話が入ってもいいです。一緒にお布団に入って読むこともいいですが、ママやパパが眠くなって困る場合はお膝でも十分です。）

●絵本は子どもに選ばせたり親が選んだり（1冊）（親が選ぼうとすると、それを機会に絵本のことを学びますから育児に有効かと思います。ゆっくり、優しく。）

●そして歌を1曲（できるだけゆっくりしたお休みの曲がいいですね。モーツァルトやシューベルトの子守歌もいいと思います。）

●「おやすみなさい」と言いながら頭を優しくなでる・・・（灯りをほのかな明るさにして、親はそっと離れる。）

⑤この時間、子どもは大好きですからつい絵本もう一つ、お歌もう一つ、とせがむ場合がありますが、「お約束だから」と1冊、1曲にします。駄々をこねたら叱ったり喧嘩をしたりしないで、黙って部屋を離れるなど・・・静かな雰囲気を壊さないことが重要です。でも、月に1回は「おまけの日」を作ってもいいでしょう（しつけは、何でもあま

り弾力的にしないでルール通り、そして月1回くらいの「おまけ」が重要です)。

絵本は、子どもに選ばせてもいいですが時間がかかります。ママがあらかじめ少し勉強して(図書館などで)決めて与えるほうが就寝前はいいと思います。子どもの好みそうな絵本、子どもが読み慣れた絵本、いろいろ考え始めない絵本がいいでしょう。

⑥ この時間は、お化けなどの怖いものや、面白くて興奮するような絵本は避けます。親が選ぶことを自然な流れにすることが重要です(3日分くらい前もって選んでおきましょう。同じ絵本が3日続いても結構です)。

最後のスケジュールが終わったら「お休み・・・」と頭をなでるなどして「今日もいい子だったね、ママ(パパ)は○○ちゃんが一番好きよ」と言って部屋を出ます。要求が出てもできるだけ上手にこのルーティーンを守ります。親の都合でスケジュールを変更しない唯一の時間です。

⑦ 朝の起床時間も決めておいて、特に体調が悪くない限り上手に起こします。20時に就寝していれば朝6時の起床は無理がありません。子どもの好きな歌をかけるなどすれば少し眠くても起きてくるはずです。保育所や幼稚園では昼食は12時です。そして保育所の昼寝は13時ごろです。保育所での昼食時、空腹であることや昼寝の時間に眠くなることも重要です。

そして、「ねむり」は手順をきめて眠りのムードをつくることが大切です。眠る道への誘導が大事で、脳や心・体に「ねるんだよ」を伝えます。

第5節　着　脱

着脱のしつけも大切です。小学校入学の条件としても「体育着に着替え、たたんで置く」ことは幼児期に身に付けると早く校庭に出られます。「いつも○○ちゃんは遅いんだから・・・」と言われるのは、いじめの遠因にもなりやすいのです。

昔は家族が多く育児の手が豊富で、子どもはただ立っていて家族が着替えさせている様子もありました。もちろんこれでは着脱ができないに決まっています。暇で孫かわいい・・・祖母がいると着脱のしつけは遅くなってしまいます。そっと見守ってそして褒めてあげるのが一番です。出来上がるまで手出しをせずに最後にちょっと直してあげる・・・。

核家族化で手もないことが幸いし、着脱の自立は幼児期にできるようになりました。これも保育所など少しずつの先輩がいることで身に付きやすくなります。

❶ 手本の準備

大人も言葉だけよりは絵や写真があるとわかりやすい、ということは多くあります。料理や裁縫、器具の使用の仕方など・・・子どもたちは「語彙」の共通理解ができていないので、絵などの表現はさらに理解を助けます。

① 生活習慣のしつけに関する絵本は多くあります。目の前の自分の子の発達にあった絵本を選びましょう。

例えば、『はけたよはけたよ』（神沢利子著・西巻茅子絵／偕成社）など。

② もちろん、家族の着脱の場面は日に何回もあり、それを子どもたちは見ていますが、見せてあげられるように、少しゆっくりめに着替えることも大切です。

ある女児が「今日、あやね、ママと同じように、立ってパンツはけたよ」と嬉しそうに言っていました。おしりを床に付けてパンツをはく➡立ってはく、これは確かに違いますが、子どもの大人へのあこがれは、このようなことにも窺えます。ママがパンツをはく姿を見て、自分もしてみようと思う女児の心の中が見えますね。

③ 乳幼児の段階では、与えられ用意された衣類をかぶったり、はいたり、ボタンを留めたりなどの所作ができて活動準備ができることが目的です。身体と外界とのバランス（冬は防寒服、夏は涼しい服）など、出来栄えは「大体・・・」でよく、よくできた時は「褒める」ようにするとよいでしょう。

❷ 衣類への子どもの気持ち

着やすい、動きやすい、褒められた、など、子どもなりに衣類への好みが出てきます。その気持ちは大事にしてあげると「着脱」への意欲も上昇します。

しかし、親は下記のようなことが気になります。

- 寒暖との適合性
- 特別な場の場合の説明（寝巻・部屋着・外出着・式服など）
- 日本の法律では、「裸体で外に出ない」が決められています。海水浴の場合は多少弾力的ですし、公衆浴場は例外です。したがって、「何を着るか」は原則的に自由です。

●他者の服批判もこのことをよく理解させておくことが重要です。子ども時代は、親の経済力で衣類選びは異なります。これが、本人の劣等感にならぬよう、他児へのいじめにならぬようにすることは重要です。

●一般的でない着方が様々あります。それも、法律違反でなければ他者批判をしないようにしていくことが重要です。ただ、親子関係の中では、親が子に「させたい」ようにしつけることは体罰など虐待に類しない限り認められています。

3 身なりと社会・他者

数学者で大学教授のT氏は、時々ネクタイを2本したり、靴下を左右異なるものをはいたりして大学に出勤しました。何か深く考えているときのようです。T氏は職業柄微笑ましく理解していただけたようですが、「天才・変人」でも障害者の場合は軽蔑につながるかもしれません。その必要はないのです。柄の違う靴下であってもよく、世の中全体で弾力的になることも大切です。

第6節　清　潔

1 洗顔・手洗いなど

乳児期は、すべて親がタオルなどでふきますが、子どもたちは「水」が好きなので、徐々に自分で水道から洗えるようになります。絶えず親がモデリングになって見せてください。

生活習慣のしつけは、どれも嫌がらせずに楽しくさせることは重要ですが、その「楽しく」は「できた！」「大きくなれた」「お利口になった」ということであり、「遊び」としてさせないほうがよいのです。また、「遊び」は遊びの定義「自分のしたいことをしたいだけする」ということでなければならず、「しつけを遊び感覚で」というのは、遊びの点からも、しつけの点からも、中途半端で効果的ではなく好ましくありません。

子どもの中で、いつ止めてもいい「遊び」と「したくなくてもしなければならない」こととの区分ができずに、親から注意を受けてしまう結果になります。

2 入浴

入浴は、沐浴から「一人で洗う」「一人で入る」ようになるまで、乳幼児期の進歩は目覚ましいものです。すべて、沐浴時期から子どもは学んでいます。丁寧に教えて、アバウトな状態で評価して、入浴の心地よさを親と共感することが好ましいと思います。

入浴は親の生活習慣で様々です。「毎日」にこだわる必要はありません。また、病後は、極端に慎重にならずに入浴させることで回復できることもあります。

他のしつけと異なって、洗う時も湯舟でも多少「遊び感覚」を取り入れてもよい生活の営みの場面です。もう少し湯舟に入れたいとき、よく「10まで数える」などと言いますが「もう少し」を数量で実感できる表現は好ましいのです。

「もう少し」「ちょっと待って」「もうすぐ」などは、数量や歌の1番や時計の針など具体的に示すと、子どもにも覚悟やつもりができて好ましいのです。

❸ 歯磨き

清潔の習慣のしつけの中で最も難しいのが「歯磨き」です。たいていの子どもが嫌がる時期があり、また、毎食後で回数も多いので親は必ず悩むものです。場合によっては、親と格闘的な場面が繰り広げられたり、まるで虐待場面のような状態にもなるのです。

「虫歯」予防は重要で、昭和40年代の子どもたちの歯の状態と現在では比較にならないほど乳歯が健全なまま永久歯に代わります。平均寿命が延びたので、一生使う「歯の健康」は確かに重要です。

① 歯磨きの時、戦争のよう

●歯磨きが「自分の体をどう守ってくれるのか」を知るのに関連した絵本が多く出版されています（『はみがきれっしゃ　しゅっぱつ　しんこう』『むしばいっかのおひっこし』）（『育児の成功2』第一章　絵本の一覧参照）。科学的根拠をもってよく表現されているものも多く、子どもも納得します。

② まだ自立してない子どもを親が寝かせ、口を開かせて検査をするときは嫌がることが多いのです。嫌がるときは、その原因を丁寧に確かめ、ちょっとから・・・。子どもは心地よければ嫌がりません。

多くは何らかの痛みを伴う場合です。私たちが歯医者に行って治療を受けるときも痛いのは大変つらいものです。そのような状態を思い浮かべて対応します。「痛み」はいやがる大きな原因です。幼児時代だから「痛いのは仕方ない」ではなく、「痛いの痛いの飛んでいけ」などと、（命に関わる場合以外は）痛いのをできるだけ避けることを心がけます。ストレスは別の問題行動の原因ともなります。

③ 子どもが嫌がれば、親は穏やかに緩い雰囲気となるよう（戦争のような雰囲気にならないよう）に、子どもの自由を奪って泣き叫ばせる（しつけといえども体罰に・・・）ようなことでは、虫歯はなくても心が虫食い状態になります。

④ 子どもが楽しい想像をして納得して口を開けるように、楽しい好きな音楽をかけます。（そして、かけたらすぐ・・・ではなく、音楽で心が楽しくなった頃）「虫歯さん　さよなら時間」など、ルーティンにするために（双方の準備時間が必要）できるだけ時間を決めて始めます。

第７節　行き過ぎた清潔感・習慣

曽野綾子著『積み木の箱』は、「清潔感と子どもの生活」を考えるのに大変有効な本です。潔癖な母親の下で育った男子が中学生になって学校給食が食べられなくなるという流れですが、この中学生は、学校の教室に舞い散るたくさんのほこり・チリが給食容器の中に落ちてくる様が目に浮かび、実感されて、食事が不可能になり、それが要因で学校生活への適応もできなくなっていくのです。

清潔は必要な範囲の清潔であり、一般社会に適応できる範囲の清潔であることが重要です。特に、幼児期は何事もおおざっぱで、感覚的にもそれを受け入れることで「自由な遊び」が可能になります。砂場で砂がついて嫌な子と平気な子では「砂場遊びの熱中度」が異なります。また、「不潔＝疾病」でもありません。心の抵抗力も体の抵抗力も程よい環境でこそたくましく育ちます。

これは高齢者訪問支援員と利用者との関係の中でも見られます。

90歳近くまで賞味期限に関係なく食事を作っていた人の冷蔵庫には、賞味期限を過ぎた食品が多く入っています。訪問介護員の方々はその食品で利用者の方の食事準備をします。その時、心が震えて賞味期限の過ぎた食品を使うのが苦しいのです。

でも、利用者の財産ですから勝手に処分はできません。また、90歳まで生きてこられた食品感覚を批判することもできないのです・・・。

このようなこと・・・この章では子どものことなのに・・・と思われるかもしれませんが、子育ては「生涯の幸せ」につながります。もし、賞味期限感覚が固定されていたら、ヘルパーとして訪問介護は難しい場合があるのです。また、この90歳の利用者の方は、天災にあって古い食品を食する場面でもたくましく生きられるでしょう・・・。生活習慣のしつけは「人生全体」です。

第8節　はじめて何かさせるとき

●はじめてお使いに行かせるとき（5歳児くらいから）は、1か月くらい前から『はじめてのおつかい』の絵本を読んで想定ができるようにしてからお使いをさせると、不安感によるストレスも少なく、よいと思います。

●はじめておばあちゃんのところなどにお泊りするときも同様に、『ぼくとバブーン』などを1か月くらい前から読んで聞かせておくとよいと思います。特に注釈はしない方がよいでしょう（かえって不安感を増します）。

不安感の強い子どもの場合は、親が「脅したり」して言うことときかせようとしている場合が多いのです（特に真実でないことで・・・）。「○○しないとお化けが出るよ」「○○しないとお巡りさんが来るよ」「良い子にしないとお巡りさんが来て連れていかれるよ」「食べないとお医者さんに行って注射してもらうよ」など。

①「嘘をついて子育てすると嘘をつく子に育つ」

そのような「嘘をついて」言うこと聞かせようとしないことも重要ですが、絵本『びくびくビリー』などのように、不安解消のおまじないや好きなぬいぐるみなどを持たせることも重要です。

② 保護者のちょっとした工夫が大事

「親の都合による外出」をするとき、「外出先で親もイライラしない」「子どももかわいそうでない」時間を過ごすためには、「時間を過ごすのに十分な小道具を用意する」ことです。

外出時間に合わせて、1時間用、2時間用など・・・その小道具があることによって、子どもにもストレスを与えず、親も用事ができます。

3歳を過ぎて有効なのは幼児雑誌です。少し費用は掛かりますが、外出時のために購入しておき、その日まで与えないようにします。水やお菓子も必要です。これが「らくらく育児」です。

第三章　人生を伝える・生き方を伝える

親が子どもを育てる目的は「人生を伝える・生き方を伝える」ためであり、学校が子どもを育てる目的は「主に『知識』を伝える」ためだと思います。

誕生し、命を終えるまでどう生きるのか、姿勢を学び、知識を学ぶ。それを乳幼児期の育児者・保育者がどう担うのか、考えたいと思います。

第1節　命を大切に・生きぬく力をはぐくむ

「命を大切にすることを知る」「生きぬく力を養う」という言葉が幼児・小学生・中学生教育の中で重要視され始めてだいぶ経ちます。

これらの言葉が美しいので、「ただ口にしているだけでできているつもり」になりがちです。でも、これらの言葉を「唱え節」のように唱えてだけいても、子どもたちにその意識や力をつけることはできません。幼児期は意識して親や保育者がそのような場面を（モデリングとして）考えていくことが重要です。

1　基本的なこと

子どもは2歳になって自我が目覚め「恥ずかしい」という情緒が芽生え、歩行が完成して言葉も発するようになると、「人生や生活の中で重要なことは相当理解してくる」のです。最も関心がある「夫婦喧嘩」などについては相当深く理解しています。保育所の昼食の時間には、子ども同士、そんな話もやや小さな声で話しています。関心の深さを感じます。そんな中で「生きる」「命」などについても、実感としての理解は相当深いのです。

私たちは日常生活の中で様々な「命」と向き合って生きています。その場その場で保護者や保育士の日常の中での「命」との関わり方がモデリングとなって理解し、身に付いていくことが望ましいのです。自分の命を大事にすることは、他の命も大切にしたり深く考えながら向き合うことでもあるのです。

私たちは日々、他者の命をいただいて自分の生命を維持して生きています。食べ物として食卓に出された魚を目にするときなどは、このことを特に感じる場面ではないでしょうか。

切り身で出される牛・豚・鳥の肉の場合と違って、魚は、しらす干しや開きの干物のように丸ごと食卓に載せられることも多く、「目を見合うこと」もあり、魚の実感がわきやすいものです。

❷ 具体的に考えてみましょう

命を大切にするには、日常生活の中で絶えずそのことに気を配りながら子どもへの影響を気にすることが大切です。

例えば、テレビでの魚の活（生）づくりを美味しそうに食べる場面を見せないことが大事です。まだ口がパクパクと動き尾がピクピクしている魚を、胴体を切って「新鮮！　おいしい！」と食べている場面は「命を大切に」と逆行します。この場面を幼な子に見せることは決して良いことではなく、これに慣れるようでは「他者の命を大切に」できません。

また、動物の顔を描いたパンやビスケットも、子どもが喜ぶからと、業者の「もうけ商売の道具」にされているのです。アンパンマンは、自身の顔をおなかのすいている動物に差し出すのでそれはいいかもしれません。けれど、動物ビスケットや動物パンではなくて、数字や図形、英語などのデザイン「1・2・3」や「四角・三角の図形」や「ABC」等の方が「食べる」にはよいのです。乳幼児は擬人化の時代です。「食べる」ものは可能な限り「命のないもの」がよいのです。

牛や豚や魚を食べて人は生きます。仕方ありません。幼児ではなるべく形態のわからないようにして与えてください。「しらす干し」などの小魚は仕方ありませんが、あじの開きなど「目」のついたまま・・・鳥の丸焼きなどは避けましょう。

また、家の中にゴキブリやクモなどが入ってきたときには「子どもの目の前でピシャッと殺す場面」を見せずに、「クモさんもお母さんのところに帰ろうね」と言って、そっと包んで外に捨て、「お母さんのところに行くのよ。バイバイ」のほうがいいのです。このような生活の中で子どもたちの命を大切にする気持ちがはぐくまれます。

日本は「生きぬく力をはぐくむ」にピッタリの教材をみな処分しています。もったいない限りです。コンクリートの塀とコンクリートの道路の隙間から生えてきている「雑草」（本当はみな名前があります）があり、それを「草むしり」と称して抜くことが多くあります。ほとんど土もなく、誰も肥料も水もやらないのに生えて花を咲かせています。それを「雑草」と言って取ってきれいにするのがよいとされる風潮があります。

しかし、この草こそが子どもたちに「生きぬく力を身に付ける」大切な教材なのです。そのような場で頑張って伸びていく植物を、子どもたちに「えらいね、あんなに一生懸命生えて生きてるんだよ」と教えてあげてこそ「生きぬく力」を教えることになるのです。そうして教えられた子どもが小学校に入り、通学路に生えている草を見れば、嫌なことを抱えて悲しい気持ちでいてもきっと励まされることでしょう。「この草だって　こんなところで頑張っている・・・」と。

コンクリートの塀とコンクリートの道の隙間に緑があることは風景としても美しいのではないでしょうか。「自然環境」を感じます。「雑草」を処分することは「役に立たない、きれいでないものはいらない」ということです。「みんなちがって　みんないい」のです。

第2節　自分で自分を守る　―自分を知る・相手を知る―

❶　最初の人間関係

❶　自分を見る

子どもたちは、人生のどこで自分を知るのでしょう。生後6か月ごろから他者への興味は本格化します。でも、「ママ」や親しい人以外は警戒します。それは大事な自己保身の始まりです。

そのころ、子どもの近くに「鏡」を置くことは必要です。小さな鏡で自分を見る。大きな鏡で自分とママを見る。大きな鏡で自分と友達を見る（保育園の1歳児室には鏡が必要です）。

まず、こうして自分の姿、自分の顔を見て様々な自分の表情を見ます。手を挙げてみる、足を挙げてみる・・・これらがすべて自分であることを徐々に理解していきます。子どもは鏡で様々な表情の自分を確認していきます。

このころの子どものいるお家では、子どもの背丈の鏡を備えておきましょう。ただ、あまりからかったりしないことです。自由に自分を映していろいろ考えて見ている子どもの姿や心を大事にしてあげましょう。

❷ ママと映る

子どもは自分の姿は鏡でしかわかりませんが、ママは、鏡の中と自分の隣にいるママを同時に確認します。不思議というよりその現実を受け入れていきます。

2 身近な人間関係

ママ、パパ、きょうだい、おばあちゃん、おじいちゃんなど、自分以外の人は鏡の必要はありません。アタッチメント形成で述べたように「一番大好きなママ」、それはなぜ、ママが好きなのか・・・これは愛着形成の項でもお伝えした通り「自分の欲求をなんでもかなえてくれる・何にもできない自分を守ってくれる」からです。

けれども、これからの子どもの人生の中では、そんな人間関係はあり得ないのです。①仲良しになって、②自分も相手のために何かして、③そして自分の希望をかなえてもらう、④その練習をしていかなければなりません。

ママの次は・・・年の離れたお姉ちゃんはいいかもしれません。優しいおばあちゃんやおじいちゃんもいいかもしれません。保育園の担当の先生もいいかもしれません。

そして、「思うようになる人」から脱皮していく・・・最初は「ぬいぐるみ」かもしれないのです。ぬいぐるみは、子どもが自分の思うように接しても怒ったり、攻撃したりしません。例えば、放り投げてもぬいぐるみは怒りません・・・ママに「うさちゃんいたくないかなあ・・・」と言われて、「そうかもしれない・・」と気づいて抱いて「よしよし」します。ぬいぐるみは、新しく接する「お友達関係の予行演習モデル」なのです。ですから大変大事です。高価なぬいぐるみの必要はありません。広告の紙を切り抜いたようなものでも、感情の寄せ方は同じです。でも、抱っこしたり、なでたり、顔を押し付けたり・・・できると心の安定剤になります。

❸ 子どもの心

私たちは、「大型台風が来る」「大地震が来る」「がんが多くなった」「コロナが大流行」と聞けば、みな不安になります。すると体調も悪くなり、ストレスでの問題行動も多くなりますが、私たちは長く生きてきて「大丈夫」が多くなり、不安は少なくなります。

でも子どもはどうでしょう。怖いことだらけです。そのような時には、『だいじょうぶ　だいじょうぶ』（いとうひろし作絵／講談社）という絵本が、そして不安の解消のためには、『「びくびくビリー」』（アンソニー・ブラウン作・灰島かり訳／評論社）という本があります。このような本を、大人がよく読んで、さらに、脅したりしないことの重要性を知っておくことが大切です。

まだ、知らないことが多い子どもたちがどんなに不安を感じているかを知れば、本当は「大人の言い方が悪い・上手でない」のに、「言うことを聞かない」と捉えて、嘘の脅し（「お医者さんに連れて行ってお注射してもらいますよ」）などというかわいそうなことは言わないことを心に留めることができるでしょう。

第3節　友達関係

❶ け ん か

「お友達と仲良くしなさい」は、親がよく使う言葉です。子どもの心では「仲良くしてるよ！」「だって　貸してくれないんだもん」「だって　ぶつんだもん」などと、思いが行き交うことでしょう。

子どもたちがけんかしていると大人はすぐ「けんかやめなさい。仲良しこよしの握手ね」と言います。もともと「けんか」とは何でしょうか。

子どもと子どもが交わって「自分のしたいことができない」「相手の欲しいものと同じ」など･･･。「自分のしたいことを友達と一緒にするにはどうしたらいいのか・・・」「相手と自分が同じものが欲しいときどうしたらいいのか・・・」「急にぶってきたときどうするの？」などを知るのが人間関係の基本です。

「そのことへの想い」が強ければ強いほど、「けんかに見える言動」は激しくなります。そうして、やがて相手の気持ちを知り、うまく進めるにはどうすればよいかを理解していくのです。

つまり、幼児期のそれらは「けんか」ではなくて「人間関係トレーニング」なのです。人間関係トレーニング中は、ケガをしない限り、したいだけさせておけばいいのです。子どもはその中でいろいろなことを学びます。

「悔しかった気持ち」「それを我慢する仕方」「相手に『悪かったなあ』・・・と思う気持ち」「謝ろうかなあ・・・何かあげようかなあ・・・」、そして、何気なく「これあげる」と持って行ったり。そして学ぶのです。今度自分がしたいことをさせてもらう方法は？

そして、「これかしてあげるから、それかして・・・」と言ってうまく人間関係を作ります。親が入り込んで、叱って「仲良くしないとお友達いなくなるよ」と言うと、子どもは「ともだちなんていらないもん！」と応えます。

けんか（人間関係トレーニング）中に注意しても意味がありません。ストレスがたまるだけです。でも、友達関係うまくいかないようだな・・・と思うなら、『ともだち』（谷川俊太郎文・和田誠絵／玉川大学出版部）を注釈なしに読んであげることです。

保護者の方からの比較的多い相談が「けんかばっかりで・・・」という悩みです。子どもの生活（大人もやや同じですが・・・）の中では日常的なこの「けんか」をどのように考え、どのようにに対応したらよいのか考えてみたいと思います。

①　基本的な考え方

「けんか」はどちらかというと悪いイメージがありますが、実は人生の重要な学びの数々が含まれる「人間関係トレーニング」なのです。

人間は皆「自分の考え」「自分のやりたいこと」があります。子どもが友達やきょうだいと使いたいものが一緒だったり、複数で遊ぶときの遊びたい内容が異なったり・・・すると始まるのが自己主張です。お互いが異なる主張をしたとき、「けんか」と言われる状態になります。しかし、乳幼児期の子どもたちには、自分以外の友達の考え方や自己主張の表現を知る、重要な学びの場であり教材です。良い人間関係を形成する能力を持つことは、子どもたちが長い人生を幸せに送れるかどうかの重要なポイントになります。

「けんか」のように見える子どもたちの言動は発達の重要な経験であり、活動プログラムです。お互いの意見交換、激しい意見交換が発達における経験として重要なものだということを理解していただくために、対応のポイントを示したいと思います。

2 好ましい対応

① まず、パパ、ママの心の中から「けんかは悪い」という印象を取り除いてください。そして、「乳幼児期に重要な人間関係トレーニング」というふうに思えるようにしてください。

② ですから、原則としては止めないで自由にさせておくことが重要です。そして、その場面をよく観察してください。観察のポイントは、

●子どもの心の中や頭の中をよく見ること

●相手への自分の気持ちの伝え方、表現方法を見ておくこと

③ 止めなければならないけんかの場面は「ケガをするような状態」です。その時はしっかりとやめさせてください。

④観察した結果、「自分の子どもには、この点を教えておいた方がいい」と思ったら、改めて設定して教えてください。ポイントは、

●具体的なけんか場面だけにこだわらないこと

けんかには本人なりの事情や気持ちがあります。良し悪しは決めつけられません。けんかの途中で止めたり、どちらが悪いとかいいとか大人が決めつけて言うと、けんかの始まり・けんかまでの関係などいろいろな言い分が、未消化のままストレスになります。ストレスは情緒を不安定にさせ、問題行動化の一因となります。また、せっかくよい体験の場を持ちながら、十分な学びができないままに、そしてすっきりしない終わり方をします。

●教えたいことに応じて適宜絵本などを利用する

「けんか」と言われる子ども同士のかかわりの中で、年齢に対して未熟な点に気付いたら、その部分の発達を促すための「教え」に入ることが必要です。

例えば「友達への思いやり」を教えたいのでしたら、そのようなことが表現されている絵本、例えば『たろうのともだち』（作：むらやまけいこ／絵：堀内誠一／福音館書店）などがあります。

「友達って何だろう」ということを教えたい場合は『「ともだち」』（前掲）という絵本もよいでしょう。子どもは絵本からいろいろなものを感じ取ることができます。保護者がくどい解説をすることはかえって逆効果です。

親はよく「友達と仲良くしなさい」と言いますが、子どもは十分仲良くしているのです。それでもなお、自分の主張を遮られるなら「ともだちなんて　いらない」という想いがよぎります。この本は「友達って何だろう」を子どもに考えさせてくれるのです。

●けんかを終えた後、子どもたちの心はどのように感じ、動いているか、よく見てください。子どもはどうしてそうなったのか、自分の悪かった点・相手の悪かった点をよく理解しています。そして悪かったと思うと、必ず「ごめんね」とか「これあげる」などとお詫びをしています。

●3歳未満の幼児は「友達を大切に」ということの理解ができません。人生で初めて自分の気持ちを表現できるようになってそれで精一杯です。遊びも併行遊びで、自分のしたいことをするときに弊害になるものはみな排除して進みたい年齢で、それが発達の姿です。そしてその表現ができることが、やがて3歳以上になって自然と「ともだち」との交わりに「楽しい・・・」という感情が芽生えるのです。

●けんかを止めようと叱る親の行為も客観的に見れば「けんか」のようなものです。

第4節　いたずら

この「いたずら」もよく考えてみましょう。幼児期の「いたずら」は相手を困らせようという意図のものはほとんどありません。「なんだろう」「面白そう」「触ってみたい」という好奇心によるものです。

保護者に育ってほしい子ども像を訊ねると、「なんにでも興味をもって取り組む子に育ってほしい」というような言葉をよく聞きます。親はこう言いながら、「なんにでも興味をもって」というのは、「先生が『しなさい』というようなこと」への興味、と頭の中でイメージしているようです。まさか、「自分（大人）の大事なものに興味をもって触る」ということは想定外なのです。でも、乳幼児にとって一番興味のあることは「パパやママのしていること」、「パパやママの持っているもの」なので、パパの靴を履いてみたい、ママの化粧品を使ってみたい！・・・それくらい親への興味と愛情を持っているから育つのです。ですから、それを「いたずら」として「いけないこと」にするのには問題があります。

親は、子どもが興味関心を持つであろう物を知っているはずです。触られて困れば、それを子どもの目につかないところにしまっておけばよいだけです。親が工夫努力しないで、本来子どもの健全な好ましい発達の状態を「いたずら」という「いけないこと」の代名詞のように使うのは・・・どうでしょうか・・・やめていきましょう。

第5節　下の子が生まれた時の気持ち

祖父母は「早く孫の顔が見たい」といい、男の子が生まれたら「次は女の子も」・・・でも、それを受けて生活する子どもはどうでしょうか。2～5歳くらいの幼児にとって、人生最初の厳しい試練となるのが「下の子の誕生」です。そのことは容易に想像ができます。

今まで、大好きなママも大好きなパパも自分のもの、自分だけのものでした。いつでもお膝に座れる、いつでも抱っこしてもらえる・・・だったのに・・・「お兄ちゃんになるのね」「お姉ちゃんになるのね・・」「うれしいでしょう！」と言われ始めて、やがてママが赤ちゃんを抱っこしている・・・みんなが赤ちゃんを見ている。

「ママだっこして・・・」と思ったら、ママは赤ちゃんを抱っこしている。「あやねちゃんはお姉ちゃんだから・・・」と我慢させられ・・・幼児の心の中はどうでしょう・・・。

人生最初の大きな試練です。信じられないようなことです。我慢しているうちに退行現象が出てくるほどのストレスなのです。ハイハイしたり幼児語になったり哺乳瓶を欲しがったり・・・子ども心には「赤ちゃんになれば・・・ママに抱っこしてもらえる・・・」と思うのかもしれません。でも、何となく我慢すべきことだとは思っています。だから一生懸命に耐えてます。

ですから、前述の絵本『ちょっとだけ』のように「もう我慢の限界」というSOSを敏感にとらえて思い切り充足させてあげることです。それができれば、いいきょうだいになっていくでしょう・・・。けれど、この嫉妬心は、5歳までのようです。3歳を過ぎるとママのお膝から離れるといいますが5歳になるとママへの求め方が異なっていくのです。

この時期の子育ては、下の子が寝たら何を置いても上の子をぎゅーーと抱っこして「ママは、あやねちゃんが一番大好きだからね・・・かわいいからね・・・」と言うことが大切です。このママの言葉でいいお姉ちゃんになっていくのです。そして、はげしいやきもちも「おねえちゃん」としての誇りになっていくことでしょう。

第四章　これからの育児・保育

第1節　保育・育児の変遷

❶ 幼児教育の流れ

乳幼児の育児や保育は、親や施設の理念である程度自由に行われてきました。保育所保育指針などは、昭和の時代に作られましたがあまり拘束されずにいました。

平成元年に大きく変わり、

① 子どもたちは日本で生活している。
② 学校教育法の定める義務教育を受ける。幼児期を終了すると小学校へ入学する。
③ そのことを加味して、「幼児教育」は行われることが子どものために好ましい。

このような傾向（特に、4、5歳児義務教育化）の検討が始まったころから調整されました。これにより、保育所保育指針、幼稚園教育要領、幼保連携型認定こども園教育・保育要領（平成18年～）に保育内容が規定されました。

さらに、一部法定化されるなどで、さらに方向付けが明確になりました。「子どもの幸せ」につなげる育児として、現在の日本はその道を歩んでいます。

❷ 集団より個人へ（平成元年改定）

少し前まで「集団を乱す子＝ちょっと困る子」とされてきました。でも、「集団」って何でしょう。幼児の特性として「じっとしていられない」は、すべてが「問題のある多動」ということではなく、むしろ全身で外界への興味を持っていて、「あれ?」「これ?」とそちらに関心がいき体も動く、これが幼児の発達のすばらしさではないでしょうか?

とすると、「集団」も一つの子どもの発達にとって「教材」ではないだろうか・・・と考えられ、そのように整理されました。

この結果、「集団活動」として組まれていた、保育所での運動会や各種の発表会は見直され、これらを「行事」とせずに「活動」と読み替えて意識を変えました。それに伴い、「行事」とは、直接子どもの発達にプラスになることを目的としないものを指すようになり、2種に分けられました。

一つ目は法定化されたもので、さらに下記の2つに分けられます。

●避難訓練:これは子どもが好む活動ではないが、できるだけ「好むように」「嫌がらないように」しかし、災害時の救命が保障されるようにきちんと行うということです。それ以前とは比較にならないくらい指示に対しての正確性が求められ、各児童福祉施設では実施されています。

●健康診断:これも、子どもが積極的に好む活動ではありませんが、できるだけ嫌がらないような工夫をして子どもの発達への必要性を踏まえて行います。

以上の2点の重要性はだれもが納得できることでしょう。

ただ、以前の保育の中では、「嫌がっても行う」でしたが「嫌がらないように、できれば興味・

関心を持つように行う」という保育方法を取り入れる指導になりました。子どもは病気の時に行く「白衣の医者」を知っていて、並んでいるときから泣く子もいるので、保育所の担当医は白衣を着ずに健診します。そして保育士は3日前くらいから医師のニコニコした写真を見せ「体のため」「痛くない」などの説明をすることで、3歳を過ぎれば不安感なく受診できます。どこまでも工夫が必要です。

二つ目は、保護者会などの行事です。直接、児童が参加するものではありませんので「行事」として表現が可能です。

第2節　主体性・自主性重視の保育展開

平成20年の保育所保育指針・幼稚園教育要領の改定で最も重視されたのが「子どもの主体性・自主性を重視した保育計画・実践」ということでした。

❶ 主体性・自発性を大事にした育児

近年、育児についての考え方は、「子どもは何もわからないから、大人がいろいろ教えて、いろいろ指示してそのようにさせる」から「子どもはやりたいことがたくさんある」「乳幼児期はそれを十分にさせる」「環境を作ることが重要」というように変わってきました。「主体性・自発性を重視」というのは、「子どもの能力や意欲を信じ、それをさせることが最もよい発達をする」ということです。

人間は「したいことをする」と、
①　十分に満たされて幸せになる・・・すると、親切になり優しくなる。
②　子どもがやりたいことは、その子の発達に最もふさわしい活動であり大人が決めるより適切である。
③　ストレスが少なく意欲もわき、しなければいけないことも抵抗なくするよい子になる。
そのためには、「だめ・いけません・待っててね」を言わないことでしょう。

「あそび」の定義は「やりたいことをやりたいだけする」ということです。昔から「子どもは十分に遊ぶのが一番」といいます。その通りなのです。やりたいことを自分で見つけ、それを「もういいや」と思うまでするのです。

そんなことでいい発達ができるなら・・・簡単・・・と思われるでしょうか・・・でも、多くの保護者は、「いけないことしたら　どうするの？」「次の用事があるとき　どうするの？」という不安が心に浮かぶのです。

❷「やりたいこと　やりたいだけ　させられない時」とは？

❶「駄目」と言わなければならない場合

それは「危ないこと（高いところに上る）」をした時、「人に迷惑かけること（他児をぶつ）」をした時、「親が教えた通りにしてない（しつけに反する）」時です。

❷「危ないこと」

これは案外「危なくない場合」が多いのです。子どもは1歳半を過ぎますと慎重になります。「飛んでごらん」と言っても、あとずさりする子が出てきます。保身は本能的に芽生え始めます。保育士は特にケガをさせたら大変と「危ないからやめようね」が多いように思います。子どもを思う気持ちからですが、ケガをさせて責任問題になると困るという現実的なこともあります。ある保育所で2週間、「危ない」と思ったことが本当に危ないか、子どもの自由にさせてみて、記録にとる課題をしてもらいました。2週間後多くの保育士から「先生、案外危なくないことが多く、今まで慎重すぎて子どもに悪かったと思っています」という意見も多かったのです。

危険と思ってやめさせてしまうのではなく、「机の上から飛び降りたい！」という子どもの欲求を「危ないからダメ」と抑えるかわりに、(3歳までの子どもの場合は、下に布団などが置いてあり、実質の高さではなくても満足できるので）代替の場を用意して（この場合は飛びたかった机の下にクッションを置いて）させてあげることが重要です。

❸「待っててね」

これも同様に「待っててね」と言ったら、必ず「さっきのなあに？」との対応が必要です。「もう忘れて遊んでいるから　いいや・・・」が最もいけないのです。

❹ 親の生活との関係で「やめさせる必要」があるとき

これは仕方ありません。ここを我慢する親が時々いますが、そのために生活に必要なことができず、「イライラ」して心のバランスを崩している母親に時々出会います。それほど「子どものためによくないことはしない」とご自身を律しているのだなあ・・・と実感し、私たちの表現を反省しました。

子どもは、家庭の中で、社会の中で、暮らしています。その中でのルールなどで自分のしたいことができないことは仕方がないことで、心を畳むことも覚え、「生活」の重要性を知ることが大切だからです。

なぜ「だめ・いけません・待っててね」を言わない、という表現が出てきたかといいますと、

●子どもが、ずっと外遊びしていると親は不安になって、「少しは、家の中で、絵本読んだら？」、子どもが、ずっと家の中で絵本読んでいると、「お外に出たほうが、体にいいのよ」、子どもがブランコばかりで遊んでいると、「ブランコばかりでなく、お砂場や滑り台にも行ってごらん」、こんな根拠のない意味のないことで、子どものやりたいことをストップさせているからです。

そして、

●その日、10時に病院の予約をしているなら・・・「あやねちゃん、10時に病院に行くから、お片付けして」と言ってやめさせることは、必要事項なので仕方ないですし、子どももそのようなときは、まだやりたくてもやめて自分の心を整理しなければいけないのですが・・・前もっての予告があるとないとでは、随分「やめるとき」の気持ちが違います。

「いきなり」では子どもなりに遊びの予定があるので残念です。

この場合、子どもの年齢が3歳未満なら朝、3歳以上なら前の晩に、「あやねちゃん、明日は、10時に、ママのことでお医者さんに行かなければならないの。だから9時半になったら、お遊び

おしまいにしてお片付けしてね」と言って、紙で作った時計で9時半を見せます。

3歳未満の幼児なら朝起きてからでいいですし、時計の代わりに、ママが「チューリップの歌うたったらお片付けしてね」と言っておきます。人は、前もって告げられていると心の準備ができて、育児としてマイナスにならず、かえって、そのような場合の心の切り替えの練習になります。

このようにしていますと、子どもはストレスが少ないので、素直に、言うこともよく聞きます。親のストレスも少なくなります。

「子どもの問題行動はしつけのストレスから」とよく言われます。しつけは、
① 内容の難易度（発達にあっている）
② でき映えの程度も、子どもの能力の程度
③ 褒める
が重要です。そこに無理があると、叱られたり、親が不満の表情だったりで、子どもはストレスを抱えます。ストレスは、必ずよくないとされていることをしてしまう方向へ移行します。大人も、楽しいこと、うれしいこと、やりがいのあること、の後は、「さあ　張り切って　掃除しよう！」、でも、いやなこと、失敗ばかり・・・だと、「今日は掃除したくない・・・お茶碗そのままで寝ちゃおう・・・」など、本来しておくことができないのです。

「やる気」は幸せが、「したくない・・・悪いことだけどやっちゃえ！」はストレスがもたらすのです。

ストレスがあって悪いことをする。いけないことですが、大人でさえそうなります。子どもの

場合は、さらにそうなって・・・また叱られて、またストレスから少し悪いことして・・・また叱られて・・・もう、どうしていいかわからず、問題行動化へ・・・となるのです。

❸「言っても言っても聞かない」を考える

この言葉は大変よく聞きます。そして、「先生、そういう時どうすればいいんですか」と必ず聞かれます。

多分「怒ってもいいんですよね・・・仕方ないんですよね・・・」の答えをお聞きになりたいのでしょう。でも、よく考えてみてください。

教える側と教えられる側・・・私たちは、教えてもらう立場に立ったことは数多くあってここまで生きてきました。保護者の方々も学校で教えられ・・・様々な人に教えられ・・・自動車学校などで教えられ・・・テレビで料理などを教えてもらったり・・・その時、よくわかる場合とわからない場合があります。

それは教えてもらうほうが悪いのでしょうか。聞き方が悪いのでしょうか、聞く姿勢がいい加減なのでしょうか・・・「あの先生の授業はとってもわかりやすい・・」「あの先生の授業はさっぱりわからない・・・」こんな経験ありますね。

子どもはまだ幼児です。子どもが「言っても言っても聞かないんだから・・・」は多分、言い方が子どもにわかりにくいのです。絵をかいて説明したり、子どもが「うん！　わかった！」「やってみる！」という風に話すことです。子どもが悪いとするといつまでも家庭教育は成功しません。

❹ 教えておく

好きな事をさせるなら「教えてはいけないの?」。こうとらえる保護者の方が多く、それで結果として「いけない」「やめさせないと」・・・でも「それはいけないの?」で悩まれ、ママによってはノイローゼのように苦しまれる方がおられます。

でも、子どもは何も知らずに生まれます。そして、日本に生まれれば日本語を、アメリカに生まれれば英語を、中国に生まれれば中国の生活習慣を身に付けます。教えなくても子どもは模倣してまねして言動します。でも、「自分の欲求」が優先になりブレーキの部分がないのです。

そのブレーキの部分は、例えば、人をぶった時に「ダメ」と禁止するのではなくて、あらかじめ絵本などで冷静なときに教えておくのです。教える時期と内容は今までもしばしばお伝えしてますが、次のように進めます。

⑴ 親が気になる場面の発見

① その子の発達の状態を見て
② 親が教えるストーリーと助手を選ぶ
③ 助手は、絵本、ぬいぐるみ、など
④ TPOをよく考えて教える
⑤ 大体ママの話は「ききたーい!」と思うので心配ありませんが、優しそうな雰囲気と大切な話という少し緊張した雰囲気で
⑥ こちらの発信ではなく受け手の子どもの理解状況を見ながら話を進めていく

⑦ あまり長くならずにシンプルに
⑧ よく聞いたら褒める（育児は、必ず「褒める」で終える）
⑨ 予行演習（ママがぬいぐるみを持ち、「あやねちゃん、これ貸してよ！　私今つかいたいの！」）
⑩ 1～2か月、このしつけた部分に気を付けて子どもを観察する
⑪ 2週間で効果がなかったり、逆効果だったら「教えの方向」を変える（お友達をぶってしまっても、いけないと感じているようなら2か月の様子を見る）
⑫ 2か月たっても同様なら他の原因も考える
⑬ ストレスによるものなら、添い寝や抱っこを増やす。5歳児なら言葉による褒める機会を増やす（「あやねちゃんは、本当にかわいくていい子ね！　いろんなことわかっていて偉いね！　ママは、あやねちゃんが、一番好きよ！」など）

② 教えのルート

「教え」がなければ「やりたいことさせる」と本能的にやりたいことをするので、社会生活に適応できず、親が「叱る」ことになります。

効果的なルートは、①アタッチメント形成が良い形で完了、②子どもの心の中、頭の中をよく知る、③現在の問題をとらえて、「教え」の計画を立てる、④始めて2か月の経過を見る、これで成功です。

主体性・自発性を重視しても、親が懸念する、イライラすることは少ないのです。人に物事を教える」というのは簡単ではありません。①「筋を理解できる」と、②「よい感情で受け止める」の両立が重要です。大好きなママの場合、②には心配がないのでやりやすいのです。

第3節　非認知能力

これからの育児・保育の最後に、平成30年度改定保育所保育指針、幼稚園教育要領、幼保連携型認定こども園教育・保育要領から示したいと思います。

40年ほど前、海外の経済学者などから「AIの進歩に伴い、保育・教育の指導の方向やあり方も変えるべき」という意見が出ていました。AIの進歩により人間が今まで苦労してきた「記憶」に関することは、AIが私たちと比較にならないほどの高い能力を持つようになってきています。記憶することがゼロでいいということではないですが、今の時代は、AIを駆使して利用して、より人間として優れた「思考力・判断力」をもって、成熟した人間、成熟した社会への道を歩むことが好ましいのではないか・・・という方向になりました。

その結果、幼児教育も大学教育もその方向に向かい始めたのです。

すでに今年の大学入学共通テストも「記憶力より思考力へ・・・」の問題に舵を切りました。試験をこの形式にもっていくには、公平性の面からも多くの課題があります。しかし、すでに多くの幼児教育向けの書物も出版され、保育所や幼稚園でも職員研修はもちろん保護者向けの発信もし、今後具体的に保育カリキュラムへの組み込みも本格化すると思います。

小学校では、2020年度から完全移行した「学習指導要領」において、教える中身の変化としてカリキュラムの重点が教科別の教育内容から資質・能力変更され、〝知識から能力・資質へ〟に向かうのです。

❶ 非認知能力とは

知能指数や学力など数量化して評価することではなく、「目標に向かって粘り強く取り組む力」や「他人とうまく関わって生活できる協調性」、また「感情をコントロールする自制心の育ち」など、数量化できないが人間として幸せな生活をしていくために非常に「重要な力」を指します。この保育・育児については、2歳児くらいからの意図的なはぐくみが重要です。

❷ 幼児期の終わりまでに育ってほしい10の姿（非認知能力）

●3つの柱

①気づく力　②やり抜く力　③人間を理解し関係を調整する力

●10の姿

①健康な心と体　②自立心　③協同性　④道徳性・規範意識の芽生え　⑤思考力の芽生え　⑥社会生活との関わり　⑦自然との関わり・生命尊重　⑧数量や図形・標識や文字などへの関心　⑨言葉による伝え合い　⑩豊かな感性と表現

この具体的な内容は少しずつ明確になってきています。

これから、日本国民が知恵を出し合って最も子どもたちに好ましい教育内容を作り上げて行くことでしょう。

●山岸　道子（やまぎし　みちこ）

昭和 16 年生
日本社会事業大学社会福祉学部児童福祉学科修了
保育所園長等を経て
湘北短期大学、東京都市大学・教授を歴任
［著書等］
『保育の心理学』ななみ書房　2019（共著）
『改訂　保育者のための教育と福祉の事典』建帛社　2018（共著）
『養護原理』大学図書出版　2010（編著）
『乳児保育』北大路書房　2009（共著）
『子育て支援』大学図書出版　2007（編著）
『保育所実習』ななみ書房　2006（編著）

ほか講演多数

育児の成功 1　　ななみブックレット№ 11

2021 年 7 月 1 日　第 1 版第 1 刷発行

●著　者	山岸道子
●発行者	長渡　晃
●発行所	有限会社　ななみ書房
	〒 252-0317　神奈川県相模原市南区御園 1-18-57
	TEL　042-740-0773
	http://773books.jp
●絵・デザイン	磯部錦司・内海　亨
●印刷・製本	協友印刷株式会社
	©2021　M.Yamagishi
	ISBN978-4-903355-95-5
	Printed in Japan

定価は表紙に記載してあります／乱丁本・落丁本はお取替えいたします